맷돌의 고행

Poems By Kim Mi Seo

1966-2019

맷돌의 고행

김미서 시집

동학사

맷돌의 고행　　김미서 시집

Poems By Kim Mi Seo

1966-2019

맷돌의 고행

김미서

맷돌의 추억

툇마루 창틀에 노을이 나풀거리면
묵직한 울음소리 담장을 넘고
노곤한 삭신에
죽 한 사발 먹여주시던
어머니 손아귀에 맷돌이 춤춘다

농 짙은 낮 빛 머금은
온갖 곡식들
주름진 바람 등에 업혀 들어와
말라비틀어진 어머니 등짝에
잠 한숨 뜨는 늙은 시간이 간다

텁텁한 먼지 내음 낡은 창고에
가늠할 수 없는 어린 기억들
내 안에 유년과 중년이 뜀을 뛰고
귓가에 둥근 추억이 속살거린다

춤추던 맷돌 위로
노란 망태버섯 눌러 쓴
거미줄이 걸리고
높바람 너덜대는 양철 지붕은
묵은 맷돌의 부식된 울음에
합창을 한다

어머니 손때 묻은 절반의 생애
초라한 흉터 되어
주인을 기다리는데

옷가지 주섬주섬
때 된 방랑기에
내 발걸음은 남촌으로 향한다

내 발이 춤춘다

숲이 숨을 쉴 때 새가 난다
바람이 여는 길 따라 투명한 여분의 하루를 얻고

성난 아스팔트를 맨발로 걷는다
거친 손톱이 박혀 백년 쯤 걸어 온 듯
귓바퀴에 피가 보여 든다
풋풋한 풀섶 위를 맨발로 걷는다
부드러운 생크림이 온통 발바닥에 끌려 다닌다

커진 나무에 큰 바람이 분다
혼들이 숲을 흔들고 숲이 몸을 바꾸고 있다
바람이 바꿔놓을 또 다른 꿈꾸며
그렇게 혼자 변하고 있다

한 여름 소나기에 하늘이 젖었다
풍경에 갇혀 옷이 젖고 가슴이 젖고 내 안 가득.
미워하던 의식이 씻겨
그렇게 혼자 변하고 있다

편백나무 숲 아래 내 발이 춤춰
맞닿은 지면 사이로 통증 가득한 애무가 시작된다
땅의 기운이 꿈틀거리고 발 아래 숲이 내려와
따가운 순간에도 날마다 연애를 한다

중독된 고행

희뿌연 참숯 분진이
수천도 숯 막을 탈출하려
공중으로 솟구쳐 오른다

정열의 몸짓으로 기세를 더한 숯토막
선홍빛 살갗을 헤집고
분자들 반란은 시작되었다

길다란 쇳부쟁이가
한 몸된 불덩어리 흔들어 깨우니
열기는 내 안에 지문처럼 번지고

붉게 물든 내 안의 혼을 불러내고 있었다

송글이 맺힌 땀방울
폭주처럼 쏟아져 마른 자리마다
박자 맞춰 숨가쁜 울음을 낳는다

평상 끝에 걸터앉아
대살 부채 움켜진 농한 손짓에
뜨거운 열기가 삭혀지고

지난 여름 무더위에
불을 품은 숯가마는
그렇게 골수들 은신처가 되었다

내 몸 안과 밖 붙어 있는 욕망은
수천도 불길 앞에 희석되어
쾌락의 흔적과 포개지니
중독된 고행은 쉬이 멈추지 않는다

기다리는 마음

살구나무초리 앉은 개개비 따라
아침 햇살이 엉그러니 편지함에 꽂혀있다
정숙한 무표정에 설렘이 일고

망초 향 수놓인 하얀 식탁보 위에
붉은 물앵두 한 바구니
포실한 햇감자 한 솥 가득
오늘을 밟고 오실 그대 빈자리

한 숨 싣고 그대 떠나던 날
꼿꼿하던 밤꽃의 주검 손 끝에 내려 앉는다

해꼬리 길에 앉은 고갯마루에
한 해 두 해 눈물접어 걸쳐 놓는다

그대 기억 속 농담을 꺼내
노란 편지지에 내려놓으면
푸풋푸풋 풀섶 바람에
흔들리는 보릿대 따뜻한 동행을 하면
솔 숲 반딧불이 기웃거렸다

성근 별 황홀한 달빛 받쳐들 때
여울목 건너는 힘찬 소리있어
행여 눈썹 치켜 바라보니

밑동 빠진 나룻배 덜컹거리며
먹먹한 마음 싣고 떠내려 간다

수세미

푸짐하게 공복을 채우고 난 얼룩속에
온종일 무성한 발과 손이 뭉개져있다

도마 위 암게는 집게발을 바둥거리고
빼끔빼끔 뽀얀 슈크림 양볼에 뿜으며
기억 속 빈 자리에 바다를 그리워 하였다

손가락 사이로 하얗게 부푼
거품새가 춤을 추었다
깔끄러운 너의 살결에
영혼들이 와글와글 술렁거린다

혼자이지 않고 고집 부리지 않는
매일 너의 존재는 모든 이들의 기쁨이 되고,

손끝 야무진 너의 현란한 움직임은
위장 속 하나하나 닦아내듯
세세하게 온갖 형들을 홅고 지나간다
태연히 처음 있던 자리로
하나, 둘, 패스, 패스.

오늘 너의 일과가 침묵에 건조되고
내일 또 겹겹이 산을 이룰 내 안의 얼룩에
히히 기러기가 빗겨 앉는다

입김을 부니 아버지 자전거 눈을 떴다

힘없이 흩어진,
침착한 기억이 그 자리에 숨어 있었다

후우,
입김을 부니 손때 묻은 대광주리가 움직였다
태양 아래 엎치락뒤치락 붉은 고추가

후우,
입김을 부니 낡은 아버지의 자전거가 눈을 떴다
장터에서 암탉 한 마리 새끼줄 묶어 실어오고

후미진 구석에 나무 썰매가 울고 있다
어릴 적 겨울방학이 되면 내 차지였는데
이제는 거무 칙칙한 틈이 벌어진 외톨이가 되어

어머니 회초리 소리가 담장 넘나들 땐
홀로 울고 위로 받던 나의 안식처

잔바람이 인다
들썩이는 양철 지붕위로 속살 도톰한 햇살이 환하다

텁텁한 먼지 내음에 벗겨진 추억의 그곳

봄

살아있는 것을 사랑하기 위해 분리된 시간
얼키설키 갇혀버린 무기력한 몸짓
멍멍한 어린 기억들과 아픈 세상
그럼에도 다시 이어지는 새로운 탄생
봄아,

오래된 교회 지붕 위 희끗한 잔설
잎샘 바람에 우직한 겨울이 잘리고
청아한 물방울 얼음 녹는 소리
망울망울 터져 오른 영혼의 전령
봄아,

거기 양지 바른 곳에 숨어
반사되는 햇살에 순결한 노래꾼이 되니
노루귀꽃 포근한 낮잠 한숨
신록에 숨겨진 미소 어깨에 걸고

봄이 따라 온다
사랑이 숨어들어 온다

하루가 데려온 아침

하루가 데려온 이 아침
침실 문 열어젖힌 앞산에서
솔향기 풋기운이 큰 숨에 빨려든다

지난밤 읽어 내린 수많은 글자를 뒤로한 채
여명이 오르고서야 책장을 덮었다

어둠이 짙을수록 사나워지는 내 안의 염증
발쪽 말초에서 머리 말초까지
아직 아픔을 이겨내는 연습중이란 걸

생각해보니 자연에게 짧은 시간을
할애 받은 지 꼭 두 해 아침이다

이 생각 저 생각 잘라버리니
외로움은 덤으로 주어진 선물
싱그러운 아침 기운은 참된 묘약이다

완전한 큰 숨 더 들이켜고
할애 받은 시간마다 열심히 살겠노라

하루가 데려온 아침
수줍은 햇살이 누릿한 얼굴을 부빌 때
쉽게 말할 수 없는 무한한 감사

또 한 번 기회를 잡기위해
우선 밤새 비워진 뱃골을 채우련다

뜨거워서 겨울

타닥타닥 마른 풀더미 잠든
아궁이 안 겨울이 따습다
무쇠 가마솥에 김이 오르니
때맞춰 덮친 칼바람에
백설이 춤춘다

어쩌면 적막할 법도 하련만
속절없이 이곳은 밝은 세상이 되고
꾸덕꾸덕 담백한 숯 단장에
볏짚 틈새 단속곳 입은 노란 고구마는
오목한 입 언저리로 행복을 뿜는다

누군가 다독여줄 따스한 손길 위로
마음 속 엽서 한 장
그리고 또 그리니
더딘 내 겨울은
늑장부리며 쉼을 찍는다

희미한 겨울햇살 너머로
닦고 또 닦는 어머니 김장독엔
겨우내 보글보글 손맛이 익어가니
덩달아 뜨거워진 겨울 앞에
초조하던 회한이 녹아내린다

안부

가끔 울적할 땐 별일 없는지
세상 안부를 묻기 위해 하늘을 나는
이야기에 귀를 기울이곤 한다
때때로 잊혀가는 옛 친구 이름을 기억하며
나의 안부를 궁금해 할지 모를 친구 생각에
케케묵은 추억을 끄집어내기도 하였다

버스를 탈 때면
버스 기사에게 인사를 하곤 한다
목례를 하는 기사는
정말로 안녕하고 있을지도 모른다

전철역에 버려진 도시락 가방 하나
애타게 주인을 찾고 있던 날
세상의 싸늘한 시선에
비정규직 청년은 별이 되고
측은한 그의 안부는 기사화 되었다
불안한 무게를 얹고 사는
사람들 발에 족쇄가 채워지고 있었다

혓바늘이 나의 안부를 방해할 때면
내 삶의 무게가 늘어나곤 했다

개미 서너 마리가 지난 밤 먹다 남은
케잌 부스러기를 밀어 나르고 내 방은 곧 무슨 일이
일어날 것 같았다

개미의 출현을 묵인한 채
옛 친구에게 전화를 걸었다
별일 없이 잘 지내고 있니?

악몽

어스름한 저녁 산에서 길을 잃었다
뙤약볕아래 온종일 지쳐있던
풀꽃들이 밤길에 쑤욱 일어났다 앉았다
어둠은 시커먼 강물이 되고
귀를 파고드는 멍한 두려움이 성을 내었다

푸드덕 까치가 날아오르자
덩달아 나의 몸은 허공을 날고
밤의 냉기가 바퀴벌레와 마주 하였다
거칠어진 발걸음에 채인
잔돌맹이 몇 개 튕겨 나가고

죽을 것 같아 눈을 더 부릅떴다

여기저기 장승처럼 서 있는
대나무 이파리가 양 볼을 스치며
아프도록 때렸다
마른 입술에 붉은 액체가 끈적이고
혼잣말은 큰 괴성이 되어
더러운 잘못에 대한 용서를 청했다

불쑥 나타난 밤 뻐꾸기가 손을 흔들며
안녕하세요,

어디를 그리 바삐 가시나요,
몇 걸음 앞에서 술 취한 사내들이
마리화나에 중독된 양
눈을 감고 둥글게 모여 춤을 춘다

색다른 공포가 엄습하던 찰나
압력솥에서 김이 쒸익 빠지며
추가 정신없이 흔들렸다

돌섬, 독도가 살아있다

1

오래 전 지진은 그 섬을 토해내어
구름층에 걸쳐놓고
객지바람 갈퀴 되어 나뒹굴 때
양각의 얼굴은 몇 겁의
바람벽을 받아내었다

삼복 태양이 지평선을 걷고 있다
출렁이던 물너울 돌구멍에 숨어들고
빈 섬 물길 여는 바람 따라 온
괭이갈매기 부리 끝에

소금기 베인 상처가 깊어간다

푸른 너의 심장을 훔치려는
눈먼 까마귀들의 쿨럭이는 아우성*
섬은 성난 도리질을 하였다
헤픈 혀는 속빈 울림이 되고
제 몸을 감는 칡넝쿨이 되었다

솟대 높은 그리움은 너를 향하고
자유로운 외침은 가만가만 다가와

---

* 까마귀의 아우성 : 일본을 의미

너와 선명한 경계를 허물었다
하늘 맞닿은 곳에 무지개를 수놓고
바닷물은 거울 되어 세상을 비추었다

한 폭 그림으로 내 마음에 꽂히고
더 없이 고운 미소 수줍게 물들어
저기 수평선에 붉은 빛이 기울 때
태풍 거둬들인 너는 유분 가득한
달의 얼굴을 안고 있다

2

돌부리 허기를 달래는

기지개를 켜는

땅거미의 정갈한 인사에

납작 엎드려

삼복 태양이 휘감긴

나뒹굴 때

독도가 젖고 있다

쏟아지는 하품에

연실 너울대는 나룻배에 실어

3

바다 위 수평의 경계에
햇살이 뿌려놓은 유리막이 펼쳐져있다

오래 전 지진은 그 섬을 토해내어
구름층에 걸쳐놓고
푸른 물살은 수없이 물 따귀를 내리쳐
홀로이 흐느끼는 그 섬을 깨웠다

창공에 드러난 양각의 얼굴은
몇 겁의 세월을 받아내며
그 섬은 아픈 배를 뒤틀어 이끼를 낳고
칠흑은 유리막 위에 내려앉아
갈맷빛 멍든 물빛을 재우고 있었다

때때로 짐승들의 아우성은
입김이 되어 부정을 싸매었고
아스팔트 위의 혀가 되어
녹음기처럼 되돌아
그 섬의 음각에 빨려들었다

쉴 새 없이 씻겨 내려가는
그 섬은 미움을 삼키고
유분 가득한 달의 얼굴이 얹혀 있다

눈물 나던 날
어부의 만찬
너를 기억해

새벽연가

시간 틈 사이로 어둠이 비켜나 있다
새벽이 바통을 넘겨받고
이름 모를 새들의 쉴 새 없는 재잘거림에
서로 행복하자 두 손 모아 믿음의 행위를 하리라

입술보다 더 붉은 해가 차오를 무렵
아파트 돌계단 외등이 꺼지는 시간
따뜻한 체온을 밀어내는 차가운 바람 불어오면
나는 감미로운 아리아를 부르리라

잠의 파장이 끊기는 나의 육체 위로
생생한 심장소리 하나,
나는 온 속을 쓰다듬으며
복종의 씨앗을 틔우길 다짐하리라

허름한 옷가지에 묻은 흔적들
오만과 편견을 벗어 던지고
발아래 떨어져 뒹구는
아카시아 꽃의 무게를 가슴으로 경험하리라

남산 위에 별 하나 나를 부르고
엷은 안개가 솔향기를 둘러칠 때
나의 온 몸에 동화되어 오는
숲의 소리를 귀 열어 맞이하리라

무화과

내리쬐는 햇살이 전부였을 때
닫혀진 마음에 혼자만의 비밀
너는 꽃이 없다 하였지

핏기 없이 멍든 채
허락된 시간 속에서
늘 그랬듯이 적적해야만 하였지
눈, 비, 바람을 견디며

너의 공간 안에서
붉게 물들어 오는 속살

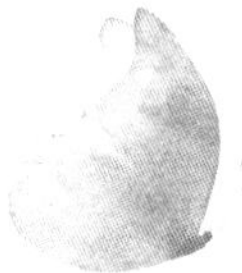

알알이 영근 성숙을 보았지
그렇게 너는 고통을 익혀가고

혼돈 속에 낳은 너의 달콤함
입술 끝에 걸칠 때
이게 바로 너의 꽃
한 생애가 담긴 비밀이 열리는 찰나

민들레

뒤뜰 장독 밑에
바람난 햇빛이 노닐고
지난 해 겨울
마른 국화 향기 가신 자리
부드러운 입맞춤의 화석

미래의 땅에 길섶 날렵한
시린 맨발로 찾아와
엉덩방아 찧어 짧은 뿌리 내린 너
너의 따사로움 한 줌 움켜쥐고
말을 걸지 않아도 줄거리가 되는,

너의 생애가 길었으면 해
흩뿌려져 덧없이 밟히지 않기를

확 터져 오른 기쁜 너의 얼굴에
내 짓이겨진 마음 한편 생살이 돋고
손톱 끝에 걸린 달빛이 이끄는 대로
옷가지 주섬주섬 미친 듯이
너의 방랑기에
내 발걸음도 남촌으로 향한다

잃어버린 낮달

철부지 여린 가슴에 검붉은 멍울 하나
그 안에 붉은 긴 그림자 깃들고
불쌍한 존재의 울음이 매달렸다
차가운 칼끝에 아물지 못한 탯줄
명주실타래 열 달 맺은 인연을 풀고
험한 세상 밖으로 망망하게 멀어지는 원심*

삽상한 돌바람에 실려 오는
흐릿한 죽음의 향기

---

* 사회적 문제로 대두되는 미혼모의 애환을 그림

선잠 깬 눈을 비비며 네 생을 등에 진 무게만큼
매일 한 방울 한 방울 독침을 삼켰던
모진 삶 피폐한 속살에 날카로운 가시바람
차라리 새 장에 갇힌 새가 되어도 좋다

분분히 살아온 반백의 시간이 지나서야
서글픈 둥지에 따스한 빛을 준비하지만
밤마다 악몽의 반은 지옥문 앞에 서고
초라한 시린 등짝은 여위어간다
혀끝에 머무는 염치없는 회개
소리 없는 숱한 눈물과

정작 작별을 말 못하는 독한 두려움

어린 자궁 안에 작은 낮달이 안겨있다

봄의 길목

살아있는 것을 사랑하기 위해 분리된 시간
얼키설키 갇혀버린 무기력한 몸짓
멍멍한 어릴 적 기억들과 아픈 세상
해마다 이어지는 새로운 탄생
봄아,

오래된 교회 지붕 위 희끗한 잔설
잎샘 바람에 우직한 겨울이 잘리고
청아한 물방울 얼음 녹는 소리
망울망울 터져 오른 영혼의 전령
봄아,

거기 양지 바른 곳에 숨어
반사되는 햇살에 순결한 노래꾼이 되니
노루귀꽃 포근한 낮잠 한숨
신록에 숨겨진 미소 어깨에 걸고
사랑이 숨어들어 온다

똥

작은 공간 속에서 삶의 무게에
잠시 멍한 침묵과 시름중이다

큰 숨 들이켜기엔 탁한 공기 한 점
예고 없이 들고나는 신호를 받고
나만의 힘겨운 의식이 이루어질 때

화장실 창문 틈새로
은은한 복사꽃에 얹혀 앉은
연초록 잎의 수런거림에
마음을 흔드는 빛 스미고

미로 속 요동치는
생을 다한 시체들이 미끄러지니
숨통이 조여지는 찰나,

경직되었던 껍데기의 뭉치는
질펀한 진흙으로 녹아내린다

거짓 없는 땅으로 돌아간
무한한 풍요의 자국들은
내 안에 다시 존재 한다

때로는 생의 향기이려니
비워진 곳곳 바람을 타고
한 자락 노래로
편안한 숨소리로

비로소 알게 되었다
내 몸속 울음이었다는 걸

해설

■ 작품 해설

김미서 遺稿
맷돌의 고행

〈김미서의 유고시집〉

(박이도 시인 · 경희대학교 국어국문학과 명예교수)

1

작고 시인 김미서金眉抒의 유고시집에 작품론을 곁들여 발문을 쓴다.

이 유고시집은 혈연 3대에 걸친 애잔한 가족사가 감성의 언어로 재현되고 있다.

이 시집 〈맷돌의 고행〉은 고애자孤哀子, 이원일李元日씨가 돌아가신 어머님의 유작, 시편들을 묶어 하늘나라로 가신 어머니에게 보내드리는 사랑의 선물이다. 김미서 시인의 유작 중에는 자신의 어머니와 맷손을 잡고 둥글넓적한 맷돌에 퉁퉁 불은 콩 팥 녹두 한 주먹 넣으면서 호흡하며 꿈과 이상을 키우주던 어머니 상像이 포함

되어있다.

이 시집을 출간하는 김미서 고인의 아들이 어머님에게 부치는 편지글이 서문을 대신한다.

사랑하는 엄마

엄마 잘 지내지? 나는, 걱정스럽던 아들 모습은 졸업하고 사회생활 열심히, 보란 듯이 하면서 잘 지내고 있어. 이런 좋은 모습을 보여줬어야 했는데 그러지 못해서 늘 마음이 쓰여.//마지막 인사한지 벌써 4년이 지났네.//~이번 엄마 유고시집 내면서~추억할 수 있는 방법이 ~생겼다는데 그나마 위안 삼아야겠어.//조만간 다시 찾아 갈게 엄마./모자간 긴 이야기는 그때 다시 하자구./샤키랑 잘 지내고 있어./사랑해~

2023년 8월 31일

아들 이원일(李元日) 올림

살아있는 자식이 돌아가신 어머님에게 보내는 편지글이 격의 없이 주고받는 대화체로 현실적 실재감을 준다. 세월과 장소를 초월하는 망자와 산자의 격의 없는 대화가 되었다. 시적 상상과 상징체계로 구축한 어머니에의 존재감이 실제로 하나의 장소를 구축하고 있다.

2

김미서 시인이 어떤 작품을 남겼는지 살펴보자. 시인으로서의 연륜이 길지 않음에도 불구하고 그녀의 시적 스펙트럼은 다양하다.

먼저 시적 대상의 갈래를 살피기 전에 시적 문체형성에 관한 것을 보자. 그녀의 시적 구문엔 과장이나 생략, 혹은 조어법 따위의 사실성이나 정돈미에 남용이 없이 간결하게 다루고 있다는 점에서 특유의 시적 개성을 지녔음을 볼 수 있다.

툇마루 창틀에 노을이 나플거리면
묵직한 울음소리 담장을 넘고
노곤한 삭신에/죽 한 사발 먹여주시던
어머니 손아귀에 맷돌이 춤춘다

농 짙은 낮 빛 머금은/온갖 곡식들
주름진 바람 등에 업혀 들어와
말라비틀어진 어머니의 등짝에
잠 한숨 뜨는 늙은 시간이 간다

텁텁한 먼지 내음 낡은 창고에
가늠할 수 없는 어린 기억들
내 안에 유년과 중년이 뜀을 뛰고
귓가에 둥근 추억이 속살거린다(중략)

어머니 손때 묻은 절반의 생애
초라한 흉터 되어/주인을 기다리는데

옷가지 주섬주섬/때 된 방랑기에
내 발걸음은 남촌으로 향한다.

— '맷돌의 추억'에서

이 작품은 어머니가 늘 사용하던 맷돌을 매개로 하여 어머님과 함께 지내던 추억을 현재로 복원한다.

인간은 감성과 이성을 가진 존재이다. 삶에 지치고 고단할 때, 유난히 외롭고 공허함을 느낄 때 누구에겐가 호소하고 위로받고 싶어 한다. 그럴 때 먼저 떠 오르는 사람은 누구일까? 생명의 뿌리가 되는 자신의 모성애의 집착이 아니겠는가.

어머니와 함께 살았던 집, 한 가족의 공동체 안에서의

일상을 복원해 심리적 행복감을 누린다. 이는 시인의 무의식전인 내면의식의 발현發顯인 것이다. 비록 모자가 삶과 죽음으로 갈렸지만 화자의 내면의식이 시적 환상으로 이미지화 한 것이다.

'어머니 손아귀에 맷돌이 춤춘다', '온갖 곡식들/주름진 바람 등에 업혀 들어와/~/잠 한숨 뜨는 늙은 시간이 간다'는 등의 묘사성 구문들에서 주격이 어머니가 아닌 맷돌이다. 또 곡식들이 아닌 곡식의 시간(어머니의 세월) 주격이 되어있다. 시적 자아와 시적 대상인 특정 사물과의 관계 형성에 대상과이 접근 방식이 특이점으로 나타난 것이다.

이 같은 묘사는 화자의 무의식적 이미지로 묘사된 것이다. 이런 시구는 시집에 수록된 여러 편의 시에 등장한다.

살아있는 것을 사랑하기 위해 분리된 시간
얼키설키 갇혀버린 무기력한 몸짓
멍멍한 어린 기억들과 아픈 세상
그럼에도 다시 이어지는 새로운 탄생
봄아,

오래된 교회 지붕 위 희끗한 잔설
잎샘 바람에 우직한 겨울이 잘리고
청아한 물방울 얼음 녹는 소리
망울망울 터져 오른 영혼의 전령
봄아,
(중략)
봄이 따라 온다/사랑이 숨어 들어온다

— '봄'에서

봄은 사철 중에 첫 계절, 겨우내 움츠렸던 대지에 만물이 소생하는 계절이다. 특히 대지에 뿌리를 박고 사는 온갖 식물이 소생한다. 생명이 소생하는 희망의 계절이다. '봄'에서 시인은 자연 순환의 질서에 따른 벅찬 희망의 노래를 부르고 있다. 각 연의 끝을 "봄아"라고 돈호법을 활용하여 흥을 돋운다. 농가월령가의 흥취가 저절로 일어난다. 소리내어 적절히 운율을 끊어 내 읽어도 좋겠다.

1년지계 재춘하니 범사를 미리하라(한 해 농사계획은 봄에 시작하라)

반갑다 봄바람이 의구히(예전과 같이) 문을 여니~/개

구리 우는 곳에 논물이 흐르도다~/보쟁기(보습과 쟁기) 차려놓고 춘경(봄갈이)을 하오리라.

농경사회에서 봄을 맞아 농사 일에 들어가는 시골 풍정風情이 한 폭의 그림으로 남는다.

1)

가끔 울적할 땐 별일 없는지
세상 안부를 묻기 위해 하늘을 나는
이야기에 귀를 기울이곤 한다
때때로 잊혀가는 옛 친구 이름을 기억하며
나의 안부를 궁금해 할지 모를 친구 생각에
케케묵은 추억을 끄집어내기도 하였다

버스를 탈 때면
버스 기사에게 인사를 하곤 한다
목례를 하는 기사는
정말로 안녕하고 있을지도 모른다

전철역에 버려진 도시락 가방 하나
애타게 주인을 찾고 있던 날

세상의 싸늘한 시선에
비정규직 청년은 별이 되고
측은한 그의 안부는 기사화 되었다

— '안부'에서

2)

어스름한 저녁 산에서 길을 잃었다
뙤약볕아래 온 종일 지쳐있던
풀꽃들이 밤길에 쑤욱 일어났다 앉았다
어둠은 시커먼 강물이 되고
귀를 파고드는 멍한 두려움이 성을 내었다

푸드덕 까치가 날아오르자
덩달아 나의 몸은 허공을 날고
밤의 냉기가 바퀴벌레와 마주 하였다
거칠어진 발걸음에 채인
잔돌맹이 몇 개 튕겨 나가고
죽을 것 같아 눈을 더 부릅떴다

여기저기 장승처럼 서 있는
대나무 이파리가 양 볼을 스치며

아프도록 때렸다
마른 입술에 붉은 액체가 끈적이고
혼잣말은 큰 괴성이 되어
더러운 잘못에 대한 용서를 청했다

불쑥 나타난 밤 뻐꾸기가 손을 흔들며
안녕하세요,
어디를 그리 바삐 가시나요,
몇 걸음 앞에서 술 취한 사내들이
마리화나에 중독된 양
눈을 감고 둥글게 모여 춤을 춘다

색다른 공포가 엄습하던 찰나
압력솥에서 김이 쒸익 빠지며
추가 정신없이 흔들렸다

— '악몽'에서

3)
오래 전 지진은 그 섬을 토해내어
구름층에 걸쳐놓고
객지바람 갈퀴 되어 나뒹굴 때

양각의 얼굴은 몇 겹의
바람벽을 받아내었다

삼복 태양이 지평선을 걷고 있다
출렁이던 물너울 돌구멍에 숨어들고
빈 섬 물길 여는 바람 따라 온
괭이갈매기 부리 끝에
소금기 베인 상처가 깊어간다

푸른 너의 심장을 훔치려는
눈먼 까마귀들의 쿨럭이는 아우성
섬은 성난 도리질을 하였다

— '돌섬, 독도가 살아있다'에서

1)의 '안부'는 사회적으로 부조리不條理하고 소망이 없는 사회상을 다루고 있다. 자신을 포함해 동시대의 인간들이 받는 유형무형의 억압적인 질곡의 세상을 암유로 호소한 것이다. "세상 안부를 묻기 위해 하늘을 나는 이야기에 귀를 기울인다"는 은유, 그것은 통제된 사회의 실상을 소문으로만 전해지던 시절의 한 면을 보여주는

것이다.

2)의 '악몽'에서는 불쑥 나타난 빼꾸기가 묻는다 "안녕하세요, 어디를 그리 바삐 가시나요"라고. 그곳이 술에 취하고 마리화나에 중독된 정신 빠진 자들이 모여 춤추는 곳이라니, 이는 정신 나간 자들의 퇴폐풍조임에 다름 아닌 것이다. 이 시대 우리 모두의 악몽이다.

3)의 '돌섬, 독도가 살아있다' 는 제목과 같이 일본과의 독도 분쟁에 관한 한국인의 당당함을 선포하는 정치적 메시지가 담겨있다.

인용한 시편들에서 김미서 시인이 삶에서 겪어 온 세계를 온건한 필법으로 지적하고 있음을 볼 수 있다.

다음은 단아한 품격의 서정시 '민들레'를 감상하자.

뒤뜰 장독 밑에
바람난 햇빛이 노닐고
지난 해 겨울
마른 국화 향기 가신 자리
부드러운 입맞춤의 화석

미래의 땅에 길섶 날렵한

시린 맨발로 찾아와
엉덩방아 찧어 짧은 뿌리 내린 너
너의 따사로움 한 줌 움켜쥐고
말을 걸지 않아도 줄거리가 되는,
너의 생애가 길었으면 해
흩뿌려져 덧없이 밟히지 않기를

확 터져 오른 기쁜 너의 얼굴에
내 짓이겨진 마음 한편 생살이 돋고
손톱 끝에 걸린 달빛이 이끄는 대로
옷가지 주섬주섬 미친 듯이
너의 방랑기에
내 발걸음도 남촌으로 향한다

— '민들레' 전문

민들레가 시적 대상이다. 내가(시적 화자 혹은 자아) 너(민들레)를 보거나 연상하며 들려주는 말이다. 철 따라 뒤뜰에 내려와 꽃피우고 때가 되면 어디론가 떠나버리는 민들레의 생태적 특성에 화자의 정서가 담겨있다. 화자는 민들레 씨앗처럼 어디로인가 떠나 가겠다는 환

상적인 꿈을 꾸고 있다.

"바람난 햇빛이 노닐고" "시린 맨발로 찾아와 엉덩방아 찧어 짧은 뿌리 내린 너"와 같은 묘사체의 구문에서 활용한 순수한 우리말(한자어가 아닌)로 된 시어들이 매우 아름답다. 맑고 고운 우리말의 꽃잔치를 보는 것 같다.

고故 김미서 시인의 유고시집〈맷돌의 고행〉의 출판을 보면서 그 가족 삼대에 얽힌 끈끈한 사랑의 인연을 뜻깊게 읽을 수 있었다.

사랑하는 엄마

엄마 잘 지내지? 나는, 걱정스럽던 아들 모습은 졸업하고 사회생활 열심히, 보란 듯이 하면서 잘 지내고 있어. 이런 좋은 모습을 보여줬어야 했는데 그러지 못해서 늘 마음이 쓰여.

마지막 인사한지 벌써 4년이 됐네. 이젠 적응을 했다고 생각했는데, 여전히 항상 보고 싶어. 생각날 때마다 폰에 같이 찍은 사진을 찾아보는데 그때마다 더 많이 사진을 왜 못 찍었는지 몰라.

이번 엄마 유고시집遺稿詩集 내면서, 엄마를 추억할 수 있는 방법이 하나 더 생겼다는데 그나마 위안 삼아야겠어.

조만간 다시 찾아갈게 엄마.

모자간 긴 이야기는 그때 다시 하자구.

샤키랑 잘 지내고 있어.

사랑해~

2023년 8월 31일

아버지 이재경李在京* 어머니 김미서金眉抒

아들 이원일李元日 올림.

*아버지 이재경李在京

이재경(李在京) 남양주남부경찰서장(2022.6~2023.8), 전라북도 익산 出 주요경력 : 서울경찰청 정보분실장, 경찰청 정보분실장, 청와대 사정비서관실 특별감찰반, 경기경찰청 일산경찰서 여성청소년과장, 서울경찰청 성북경찰서 생활안전과장, 경찰청 정보국 정보4과 3계장, 경찰청 정보국 정보4과 2팀장, 서울경찰청 경무부 경무과(교육), 서울경찰청 정보관리부 치안지도관, 전북경찰청 부안경찰서장(2020.8.19.~2021.7.18), 경기북부경찰청 정보외사과장(2021.7.19.~2022.6.29) 2011. 2. 동국대학교 대학원 경찰학 박사학위 취득 "한국 정보경찰의 조직역량이 조직 효과성에 미치는 영향", 명신대학교(한민대학교) 경찰행정학과 강사, 상훈 : 대통령 표창, 기획재정부장관상 등 장관급 10여회, 2021년 경찰청 大정보관 선정

맷돌의 고행

지은이 · 김미서
펴낸이 · 유재영, 유정융
펴낸곳 · 주식회사 동학사

1판 1쇄 · 2023년 8월 31일
출판등록 · 1987년 11월 27일 제10-149

주소 · 04083 서울 마포구 토정로53 (합정동)
전화 · 324-6130, 324-6131 | 팩스 · 324-6135
E-메일 | dhsbook@hanmail.net
홈페이지 | www.donghaksa.co.kr
www.green-home.co.kr

ISBN 978-89-7190-861-7 03810